AF313332

5 Décembre 1879.

V

APRÈS DÉCÈS DE Mme ***

RICHE

MOBILIER

DIAMANTS, PERLES, ARGENTERIE

BELLE ET NOMBREUSE GARDE-ROBE

CATALOGUE

D'UN

RICHE MOBILIER

DIAMANTS, BIJOUX, ARGENTERIE

Dentelles et Fourrures

BELLE ET NOMBREUSE GARDE-ROBE

Tentures, Tapis, Linge, Objets divers.

DONT LA VENTE AURA LIEU

APRÈS DÉCÈS DE Mme ***

HOTEL DROUOT, SALLE N° 2,

Les Vendredi 5 et Samedi 6 Décembre 1879,

À deux heures.

Par le ministère de Me **CHARLES PILLET**, Commissaire-Priseur,
10, rue de la Grange-Batelière,

Assisté pour les Bijoux de **M. CH. MANNHEIM**, Expert, 7, rue Saint-Georges,

Chez lesquels se trouve le présent Catalogue.

EXPOSITIONS : { **Particulière.** Le Mercredi 3 Novembre 1879,
{ **Publique.** Le Jeudi 4 Novembre 1879.

DE UNE HEURE A CINQ HEURES ET DEMIE

N.-B. — Une exposition particulière aura lieu rue de Miromesnil, 86
le Lundi 1er décembre 1879, de 1 heure à 5 heures.

CONDITIONS DE LA VENTE

La vente se fait au comptant.

L'acquéreur payera *cinq pour cent* en sus des enchères applicables aux frais.

L'exposition mettant le public à même de se rendre compte de l'état des objets, il ne sera admis aucune réclamation une fois l'adjudication prononcée.

Paris. — Typ. PILLET et DUMOULIN, 5, rue des Grands-Augustins.

DÉSIGNATION

ANTICHAMBRE

1 — Deux Rideaux de fenêtre en étoffe de laine genre oriental.

2 — Huit Rideaux de même étoffe ormant portières.

3 — Tenture de Chambre en étoffe pareille.

4 — Suspension en bronze doré de style mauresque.

5 — Meuble Console en chêne ciré, avec tablette en marbre bleu turquin formant porte-manteaux et surmonté d'une glace.

6 — Banquette en chêne ciré couvert en cuir vert.

7 — Tapis de pied en peau d'ours.

8 — Trois Portières en étoffe de laine fond rouge.

9 — Grande Glace avec cadre en bois doré.

10 — Petite Suspension d'antichambre en bronze.

11 — Portière en étoffe de laine fond noir à branchages jaunes.

12 — Grande Armoire à glace en acajou.

12 bis. — Tapis en moquette.

SALLE A MANGER

13 — Quatre grands Rideaux de fenêtres en lampas fond blanc à fleurs avec embrasses et porte-embrasses en bronze.

14 — Quatre Portières et tenture de même étoffe.

15 — Quatre Stores et quatre Rideaux de vitrage en guipure.

16 — GRAND TAPIS de Perse.

16 *bis* — GARDE-FEU de style rocaille en bronze verni.

17 — JOLI MEUBLE-VITRINE en chêne finement sculpté, de style renaissance, avec colonnettes détachées, reposant sur une table de même style.

18 — TABLE de salle à manger en chêne sculpté, à pied central de style renaissance.

19 — DIX CHAISES en chêne sculpté, les sièges et dossiers recouverts en cuir doré, avec décors d'oiseaux et de fleurs en couleur.

20 — JARDINIÈRE en chêne sculpté.

21 — GRANDE GLACE d'entre-deux avec cadre en noyer.

22 — CARTEL en cuivre poli, style Louis XIV.

23 — ECRAN en chêne sculpté, avec feuille en ancienne tapisserie au petit point.

24 — BUSTE DE FEMME en bronze, la *Duchesse d'Étampes*, par AIZELIN, de chez Barbedienne.

25 — Deux Flambeaux en bronze à figures de femme,
aussi de chez Barbedienne.

26 — Deux Lampes en bronze sur socles en marbre rouge.

27 — Un Plateau hexagone en émail de Chine fond bleu,
avec médaillon au centre et trois autres sur les côtés,
représentant des paysages.

28 — Deux grands Vases en faïence italienne décorés de
sujets mythologiques et à anses serpents.

29 — Deux petits Vases en faïence italienne à décors de
personnages et oiseaux, fabrique de Ginori.

30 — Deux Assiettes à fruits avec leurs couvercles dits
feuilles de choux, en porcelaine de Berlin.

31 — Une Jardinière en porcelaine du Japon à décor
bleu.

32 — Deux Vases en faïence à décor bleu.

33 — Un Service en cristal taillé à filets or, composé
de carafes, verres à pied, verres Bordeaux, et coupes
à Champagne.

SALON

34 — QUATRE GRANDS RIDEAUX de fenêtres en satin bleu clair avec lambrequins de même étoffe, garnis de passementerie en soie.

35 — QUATRE STORES en soie bleue.

36 — QUATRE RIDEAUX de vitrage en tulle brodé.

37 — DOUZE RIDEAUX formant tenture en satin bleu clair.

38 — TABLETTE DE CHEMINÉE couverte en même étoffe.

39 — GRAND TAPIS de salon en moquette fond rouge avec médaillons de fleurs à fond bleu, genre Smyrne.

40 — PETIT TAPIS de foyer genre Smyrne.

41 — GARNITURE DE CHEMINÉE en bronze doré, composée de : une pendule à cage de chez *Lemarchand*, deux candélabres à sept lumières chacun et deux flambeaux.

42 — GARDE-FEU en bronze verni de style rocaille.

43 — Pare-Étincelles forme éventail en bronze verni.

44 — Meuble de Salon entièrement couvert en satin bleu clair composé de : un divan, une chaise longue, trois fauteuils et deux chauffeuses.

45 — Quatre Chaises volantes en bois doré, couvertes en étoffes de soie.

46 — Petite Chaise en bois décoré, de style oriental, couvert en étoffe brodée.

47 — Lustre à dix-huit lumières en bronze doré, de style Louis XVI, garni de porcelaine tendre et de cristaux.

48 — Grande Armoire en bois noir sculpté à trois ventaux garnis de glaces, avec appliques en bronze à cinq lumières chacune.

49 — Toilette en bois noir avec glace au centre et de chaque côté une applique en bronze à trois lumières.

50 — Petite Table de milieu en chêne très finement sculpté avec dessus en marbre onyx.

51 — Piano droit à sept octaves, en palissandre, de la *Maison Érard*.

52 — Tabouret de piano en bois doré recouvert de drap rouge soutaché.

53 — Écran en bois doré avec feuille en velours rouge et tapisserie.

54 — Grande Glace dite de Venise.

55 — Petit Miroir avec glace biseautée.

56 — Jardinière en émail cloisonné, de chez Barbedienne.

57 — Deux Lampes en bronze ciselé et doré, à trompes d'éléphants.

58 — Deux petits Vases de style Louis XVI, en porcelaine tendre, montés en bronze ciselé et doré.

CHAMBRE A COUCHER

59 — Quatre grands Rideaux de fenêtres et lambrequins en satin fond blanc, à bandes de fleurs et ornements de style Louis XVI, avec entourage de satin grenat et doublés de soie blanche.

60 — Quatre Portières en même étoffe doublée en soie bleue.

61 — Tenture de la pièce et plafond en même étoffe.

62 — Deux grands Rideaux de lit, fond de lit et baldaquin en même étoffe doublée en soie bleue.

63 — Deux Rideaux en soie bleue molletonnée.

64 — Quatre Rideaux de vitrage en mousseline brodée.

65 — Garniture de Cheminée en bronze doré composée de : une pendule et deux candélabres à trois lumières chacun, sur socles en marbre rouge.

66 — Une Armoire à glace en bois de palissandre et de thuya.

67 — Un Lit en bois de palissandre et en thuya et son sommier.

68 — Une grande Glace fond de lit garnie en satin groseille.

69 — Chaise longue et Fauteuil confortable entièrement couverts en satin pareil aux rideaux.

70 — Grande Toilette en marbre blanc, avec étagères et glace et deux appliques à cinq lumières chacune.
Le bas en bois noir avec portes à glaces.

71 — Table en bois noir à entre-jambes, avec dessus de marbre bleu turquin.

72 — Table a Jeu en palissandre.

73 — Plateau en palissandre formant table.

74 — Petite Veilleuse en bronze sur socle en marbre rouge.

75 — Petite Suspension forme veilleuse en bronze et cristal, portant cinq lumières.

76 — Deux Groupes en porcelaine de Saxe.

77 — Petit Bronze, buste de Frédéric II.

78 — Coussin en soie bleue brodée.

79 — Quelques Tableaux, aquarelles, dessins et gravures encadrés.

80 — Grand Tapis en moquette fond blanc.

81 — Petit Tapis de Pied genre Smyrne,

82 — Grande Glace avec entourage en satin.

CHAMBRE SERVANT DE LINGERIE

83 — Six Rideaux et portière en reps vert avec bandes
en drap havane.

84 — Quatre Rideaux de vitrage en guipure.

85 — Une grande et belle Armoire en chêne verni à
trois ventaux garnis de glaces, formant porte man-
teaux.

86 — Une autre Armoire aussi en chêne vernis à deux
vantaux garnis de glaces.

87 — Deux Lampes en bronze du Japon.

————

Meubles courants.

Batterie de cuisine en cuivre et fer battu.

BIJOUX ET ARGENTERIE

88 — Deux Boutons d'oreilles formés chacun d'une très belle perle.

89 — Deux Boutons d'oreilles formés chacun d'un gros brillant.

90 — Bague formée d'une jolie turquoise entourée d'un rang de brillants.

91 — Bague Marquise ornée d'un saphir et pavée en brillants.

92 — Bague avec rubis et corps formé de feuillages en diamants.

93 — Bague Marquise avec émeraude et brillants.

94 — Bracelet en or, à feuilles émaillées bleu turquoise et enrichi de brillants.

95 — Broche semblable.

96 — Bracelet en or avec camée entouré de demi-perles.

97 — Agrafe de châle en or et lapis, style étrusque.

98 — Deux Pendants d'oreilles en or, ornés chacun de trois coques de perles.

99 — Petite Tabatière oblongue en or guilloché et gravé.

100 — Deux Pendeloques, forme poires en perles.

101 — Deux Pendants d'oreilles de style Louis XVI, avec miniatures en grisaille.

102 — Pendeloque en forme de feuille, exécutée en diamants et enrichie d'une jolie perle.

103 — Surtout de Table en argent ciselé avec anses formées d'enfants tritons, de la Maison Odiot.

104 — Corbeille a Fruits en argent découpé à jour, de la Maison Odiot.

105 — Un grand Plateau en argent ciselé, de la Maison Odiot.

106 — Un autre plus petit de même métal de la Maison Odiot.

GARDE-ROBE

107 — Costume complet en soie sergée et faille cerise garni de dentelle.

108 — Robe Tussar de laine et taffetas changeant, garnie de dentelle.

109 — Costume en faille gris perle. Genre Pompadour.

110 — Costume de Soirée en faille rose, garniture en chenille et jais.

111 — Costume de Soirée en satin et faille crème garni de blonde.

112 — Costume de Soirée en faille bleu clair garni en point d'Angleterre,

113 — Costume de Soirée en faille blanche, garni de tulle avec corsage et gilet Pompadour.

114 — Costume en crêpe de Chine laine, garni de guipure.

115 — Costume en velours pékin et faille avec tunique en cachemire,

116 — Costume de toile brodé, garniture en velours noir, volant plissé.

117 — Costume en moire noire avec garniture en chenille.

118 — Robe velours frappé et satin bronze.

119 — Costume en soie brochée et jupe en satin vert foncé garni de passementeries perles et soie.

120 — Robe en velours rouge.

121 — Costume avec tunique soie brochée et jupe en faille couleur bronze.

122 — Costume complet, le corsage en velours pékin et tunique en sicilienne gorge de pigeon,

123 — Costume en faille, le corsage et la tuntque en cachemire de l'Inde grenat garnis en velours de même couleur.

124 — Costume complet en cachemire français couleur havane, composé de jupe, tunique et manteau.

125 — Costume complet en faille bleue composé de tunique, veste et paletot garnis de velours de même couleur.

126 — Habit Louis XV damassé Pompadour, avec garniture de boutons et strass.

127 — Costume complet en satin noir garni en jais.

128 — Costume complet en satin pékin et faille.

129 — Costume complet en cachemire de l'Inde blanc garni de blonde.

130 — Costume complet en cachemire de soie, brodé, garni de Valenciennes.

131 — Manteau de voyage en drap gris.

132 — Deux Matinées en faille rose et bleue garnies de Valenciennes et broderies, doubléés en peluche et col en fourrure.

133 — Petit Corsage en peluche doublé de soie écossaise.

134 — Manteau en satin broché, brodé or et perles, garniture de plumes.

135 — Manteau en cachemire noir garni de jais.

136 — Redingote vigogne bége, doublée de peluche, avec col fourrure.

137-138 — Sorties de bal en cachemire et autres.

139 — Grande Écharpe en blonde, garnie de perles blanches.

140 — Petit Corsage en satin bleu clair garni de point d'Angleterre.

141 — Autre Corsage en velours noir avec manche en satin noir.

142 — Corsage en cachemire brodé or, avec col et manchettes en dentelle blanche.

143 — Plusieurs Corsages en soie.

144 — Plusieurs Robes de chambre en cachemire de laine blanc, doublées de satin cerise.

145 — Deux Chales en cachemires de l'Inde.

146 — Petit Chale en crêpe de Chine.

147 — Chale en cachemire français.

148 — Chapeaux et Coiffures.

FOURRURES

149 — Très beau Manteau en loutre, garni de Skunck doublé en soie.

150 — Pardessus en loutre, doublé de soie.

151 — Corsage en petit gris, doublé de satin cerise.

152 — Manchon en renard bleu.

153 — Un Autre en castor noir.

154 — Deux Couvertures de voiture en gorge de renard.

155 — Peau de tigre avec tête.

156 — Peau d'ours.

DENTELLES, LINGE DE CORPS

ET AUTRES

157 — Divers coupons, volants et garnitures de robes en point d'Angleterre, Valenciennes et autres dentelles.

158 — Quarante-deux Chemises garnies de dentelles, point d'Angleterre, Valenciennes, guipures, etc.

159 — Trente Chemises en toile de Hollande, garnies de valenciennes.

160 — Nombreuses paires de bas de soie.

161 — Trois paires de Draps en toile brodée et garnie de guipure.

162 — Dix-sept paires de Draps en toile de Hollande brodée.

163 — Vingt-cinq taies d'oreiller en toile brodée.

164 — Six nappes en toile de Hollande, garnies de guipure.

165 — Ombrelle garnie de dentelle blanche avec manche en rhinocéros.

166 — Serviettes, essuie-mains, tabliers de cuisine, torchons, etc , etc.

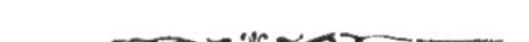

www.ingramcontent.com/pod-product-compliance
Ingram Content Group UK Ltd.
Pitfield, Milton Keynes, MK11 3LW, UK
UKHW031710170726
13836UKWH00001B/170